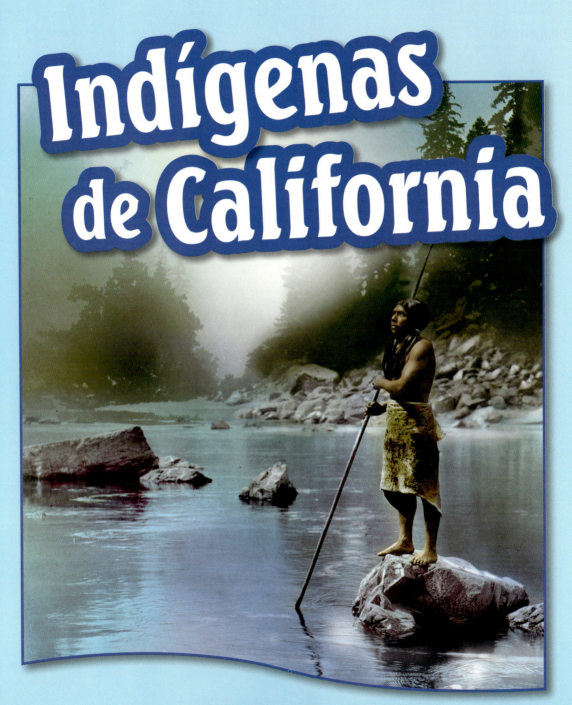

Indígenas de California

Ben Nussbaum

Asesores

Crystal Hahm, M.A., Ed.M.
Distrito Escolar Unificado de Tustin

Bijan Kazerooni, M.A.
Chapman University

Créditos de publicación

Rachelle Cracchiolo, M.S.Ed., *Editora comercial*
Conni Medina, M.A.Ed., *Gerente editorial*
Emily R. Smith, M.A.Ed., *Realizadora de la serie*
June Kikuchi, *Directora de contenido*
Caroline Gasca, M.S.Ed, *Editora superior*
Susan Daddis, M.A.Ed., *Editora*
Sam Morales, M.A., *Editor asociado*
Courtney Roberson, *Diseñadora gráfica superior*
Jill Malcolm, *Diseñadora gráfica básica*

Créditos de imágenes: portada, pág.1LOC, LC-cph 3c13079; pág.2 LOC, LC-cph 3c01257; pág.6 LOC, LC-cph 3c36570]; pág.8 (inferior) National Geographic Creative/Alamy; págs.8–9 (superior) Spencer Weiner/Los Angeles Times via Getty Images; pág.10 Danita Delimont/Alamy; pág.11LOC, LC-cph 3b45699; págs.12–13 (superior) Luis Sinco/Los Angeles Times via Getty Images; pág.13 (superior) LOC, LC-cph 3c13079; pág.14 (centro) USC Libraries Special Collections (CHS-3803); pág.15 (inferior) USC Libraries Special Collections (CHS-3795); págs.16–17 LOC, LC-cph 3c20023; pág.17 (centro) Bobbi Onia/Underwood Archives/Getty Images; pág.19 (inferior derecha) LOC, LC-ppmsca 08116; pág.20 (inferior) Lonely Planet/Getty Images; pág.22 National Archives and Records Administration; pág.23 LOC, LC-ppmsca 18212; pág.24 Irfan Khan/Los Angeles Times via Getty Images; pág.25 LOC, LC-PDF 36026283; pág.26 (centro) Kilmer Media/Shutterstock; pág.27 Kobby Dagan/Shutterstock; pág.31 LOC, LC-cph 3c10505; todas las demás imágenes de iStock y/o Shutterstock.

Library of Congress Cataloging-in-Publication Data

Names: Nussbaum, Ben, 1975-
Title: Indígenas de California / Ben Nussbaum.
Other titles: California Indians. Spanish
Description: Huntington Beach, CA : Teacher Created Materials, 2018. | Includes index. | Audience: Grades K-3.
Identifiers: LCCN 2018022278 (print) | LCCN 2018030602 (ebook) | ISBN 9781642901344 (ebook) | ISBN 9781642901184 (pbk.)
Subjects: LCSH: Indians of North America--California--Juvenile literature.
Classification: LCC E78.C15 (ebook) | LCC E78.C15 N8618 2018 (print) | DDC
  979.004/97--dc23
LC record available at https://lccn.loc.gov/2018022278

Teacher Created Materials

5301 Oceanus Drive
Huntington Beach, CA 92649-1030
www.tcmpub.com

ISBN 978-1-6429-0118-4

© 2019 Teacher Created Materials, Inc.
Printed in China
Nordica.092018.CA21801136

Contenido

Un territorio diverso

California es un estado cuyo territorio tiene diferentes características. Su costa es hermosa. Parece no tener fin. El Valle Central es enorme. Es llano y **fértil**. El desierto es duro. Parece estar completamente vacío. En muchas zonas del estado las montañas parecen llegar hasta el cielo.

En el pasado, los indígenas de California vivieron en cada uno de estos lugares. Algunas tribus vivían en casas grandes en poblados grandes. Otras tribus vivían en pequeños grupos y se desplazaban a menudo. Las tribus cerca del mar comían pescado. Algunas tribus comían insectos que recolectaban del agua poco profunda de los lagos de montaña. Otras andaban por el desierto en busca de cactus florecientes.

Cada tribu tenía su propio estilo de vida. Cada tribu tenía sus propias historias y creencias.

Monocomida

La tribu mono comía pupas de mosca alcalina. Las **pupas**, semejantes a gusanos, eran una gran fuente de grasas y proteínas. Las pupas podían ser secadas y almacenadas para comer más tarde.

La costa confortable

Muchas tribus vivían a lo largo de la costa de California. La mayor parte del tiempo el clima era templado. El océano proporcionaba alimento y otros **recursos**. El territorio que estaba a algunas millas de la costa también era valioso. A menudo era fértil, con ríos y arroyos.

El océano ofrecía a las tribus muchas cosas que usar. También les daba muchas cosas que comerciar. Las tribus secaban pescado, recolectaban sal o juntaban caparazones raros de moluscos. Intercambiaban estos productos por cosas como frutos secos y pieles de venado. Los indígenas de California de todo el estado **hacían trueque**. Las personas dentro de una tribu intercambiaban entre sí. Las tribus hacían trueque con otras tribus. Los productos podían cambiar de manos muchas veces.

Un indígena de California usa una red para pescar.

la costa de California

Un largo viaje

Las personas de lugares tan lejanos como Utah usaban caparazones de moluscos del océano Pacífico. Los caparazones eran usados como decoración. Debían intercambiarse varias veces para llegar tan lejos.

Las personas de la costa tenían muchas maneras de obtener comida del océano. Comían ballenas que quedaban varadas en la costa. O pescaban con la marea.

Las tribus chumash y tongva vivían en la parte sur del estado. Construían tomoles, una especie de canoa. Con sus sólidos tomoles, la navegación era parte de sus vidas cotidianas.

Los tomoles estaban hechos de madera que el mar arrastraba a la playa. Las personas cortaban la madera en **tablones** usando huesos o astas. Pegaban los tablones entre sí. Luego, ataban los tablones juntos con sogas hechas de plantas. Finalmente, untaban alquitrán sobre las grietas. Construir un solo tomol podía llevar seis meses.

Indígenas chumashes transportan un tomol a la costa.

Los chumashes de hoy comparten su cultura construyendo y usando un tomol.

Truenos y relámpagos

Los chumashes contaban leyendas para explicar lo que sucedía en la naturaleza. Una de estas narraba sobre dos hermanos que vivían en el "mundo superior". Les gustaba jugar al juego del aro y la vara. Un hermano hacía rodar el aro. El otro niño corría detrás de este para golpearlo con la vara. Eso causaba truenos. También tenían la capacidad de emitir luz. ¡Así es como estas personas primitivas explicaban los relámpagos!

Las montañas magníficas

En las zonas montañosas era más difícil conseguir comida. Las personas solían trasladarse y vivían en pequeños grupos.

Algunas tribus de las montañas eran temidas por sus vecinos. Algunas tenían reputación de ser guerreras. No vivían en grandes poblados. No poseían muchas cosas. Era más sencillo para ellos atacar tribus en las zonas bajas y luego esconderse.

En otras zonas montañosas, los valles planos o los lagos hacían la vida más fácil. Las personas estaban más asentadas. Tenían vidas más estables.

La tribu de los hupas vivía en el valle de Hoopa, cerca de Oregón. El río Trinity abastecía a los hupas con agua y peces. Los hupas construían pueblos sobre tierras planas al lado del río.

Los hupas usaban tablones de cedro para construir casas y depósitos.

Pescado grande

A veces los hupas pescaban esturiones. ¡Estos peces pueden alcanzar los siete pies (dos metros) de largo y pueden pesar cientos de libras!

Este indígena hupa pesca desde una plataforma usando una red.

Esta es una vista moderna del valle de Hoopa.

El alimento **básico** de los hupas era el salmón. Cada primavera, los hupas realizaban una ceremonia para recibir a los salmones que volvían al río.

Esto se conocía como la ceremonia del primer salmón. Otras tribus también tenían ceremonias del primer salmón. Primero atrapaban un pez. Después lo cubrían con cosas valiosas como **plumones** de águila. Después de cocinarlo, cada miembro de la tribu comía una pequeña porción de pescado.

Las tribus de las montañas tenían suerte, en cierto modo. Por mucho tiempo los colonizadores no quisieron el territorio de las montañas. No era apta para la agricultura. Debido a esto, algunas tribus que vivían en las montañas no fueron desplazadas de este territorio. Los hupas todavía viven en el Valle de Hoopa.

Un indígena hupa
prepara su arpón.

Los salmones nacen en agua dulce pero viven
la mayor parte de su vida en agua salada.

El valle valioso

El Valle Central es un lugar grande con un poco de la mejor tierra del mundo. Hace que el lugar sea fértil, verde y lleno de vida. Personas de todo el mundo se deleitan con las frutas y las verduras del Valle Central.

La tribu de los yokuts vivía en la parte sur del valle. Las zonas del valle eran muy húmedas, con pantanos y ciénagas. Los yokuts comían **aves acuáticas**, como gansos y patos. Comían venados y ciervos canadienses que vivían en los bordes de las ciénagas. También comían pescado, tortugas, raíces y semillas. Y comían bellotas como los demás indígenas de California.

El tule crecía en todo el valle. Este **junco** era una parte importante de la vida cotidiana de la tribu. Con el tule hacían canastos y botes, y comían sus raíces.

Una indígena yokut teje un canasto.

Hoy se pueden ver distintos tipos de venado en todo California.

Decenas de dialectos

La tribu de los yokuts estaba compuesta por alrededor de 50 grupos pequeños. Los expertos llaman a estos grupos *tribelets* (es decir, "pequeñas tribus"). ¡Cada *tribelet* tenía su propia versión de la lengua yokut!

Mujeres y niños yokuts cortan duraznos en rodajas y les quitan los carozos.

Los pueblos yokuts eran por lo general grandes. Un tipo de casa se construía curvando varas hasta darles la forma de cúpulas. Luego se recubrían las varas con alfombras hechas de tule.

Algunas casas yokuts eran tan grandes que muchas familias vivían ahí. Cada familia tenía su puerta y hogar propios, pero no había paredes interiores.

Cada pueblo yokut tenía también casas de sudar. Se construían con tablones de madera cubiertos con matorrales y tierra. Una fogata abastecía de calor al lugar.

Tanto los yokuts como los hupas construían casas de sudar.

Las mujeres usaban a veces las casas de sudar, pero mayormente eran para los hombres. Las usaban como lugar de reunión. Contaban historias y cantaban. Había noches en que los hombres hasta dormían ahí adentro. Las casas de sudar eran una parte importante de la vida pueblerina en muchas zonas del estado.

Yokuts construyen una estructura para una casa.

El desierto difícil

El desierto era un lugar difícil para vivir. Los veranos eran muy calurosos, mientras que los inviernos eran extremadamente fríos. No había muchas plantas o animales para comer.

La tribu de los quechanes vivía en el desierto. Los quechanes eran agricultores, lo cual era poco habitual para las tribus que vivían en esta parte del estado.

Agave asombroso

La planta del agave era muy importante para las personas que vivían en el desierto. Se podía cocinar y comer de muchas formas diferentes. Usaban sus fibras para hacer calzado y prendas.

Vivían por encima de los **terrenos inundables** de un río. Cuando el río se desbordaba, dejaba tierra rica y húmeda. Los quechanes se acercaban al río y plantaban maíz, melones y otras plantas. Cuidaban las plantas a medida que estas crecían. ¡Esta era una estrategia para obtener comida en el desierto!

Este músico quechan tiene el cuerpo cubierto de pinturas.

El pueblo coso vivía en y cerca de las montañas Coso. En esta zona se unen el desierto y las montañas. Es un sitio caluroso y seco. Hay pocas plantas y pocos animales.

Algo bueno de las montañas Coso es que se halla obsidiana. Es un tipo de vidrio que se forma cuando se derrite la lava. La obsidiana se puede cortar en cuchillas muy afiladas. Muchas tribus del estado usaban la obsidiana de las montañas Coso.

No había muchas personas en la tribu coso. Vivían en pueblos pequeños cerca de las pocas fuentes de agua del desierto.

Las montañas Coso están llenas de arte rupestre. Representa personas, animales y formas abstractas. Lo hacían los indígenas cosos y también las tribus que vivieron en la zona antes que ellos.

Dibujos de borregos cimarrones fueron grabados en algunas rocas de las montañas Coso.

Las cataratas Fósil forman parte de las montañas Coso.

Una mejor cuchilla

Los cuchillos de obsidiana son tan afilados que aún hoy algunos médicos los usan para cirugías. Un cuchillo de obsidiana deja una cicatriz más pequeña que uno de acero. Además la herida cicatriza más rápido.

Lugares seguros

En el siglo XVII los europeos comenzaron a explorar la Costa Oeste. Algunas personas se asentaron en la región. Trajeron nuevas enfermedades. Talaron bosques. Secaron lagos. Sus cerdos y vacas destruyeron las plantas nativas.

La vida para las tribus de California cambió. Los españoles los esclavizaron. Muchas tribus fueron obligadas a marcharse. Tuvieron que trabajar y vivir en **misiones**. Los españoles también mataron a muchos nativos.

Con el tiempo, las actitudes cambiaron. En 1906 el estado comenzó a comprar territorio. Este territorio se apartó para que los indígenas de California pudieran vivir allí.

Hoy hay muchos de estos lugares en el estado. Algunos de estos lugares se conocen como *rancherías*. Suelen ser pequeñas porciones de territorio. El resto se conoce como *reservas*, que son más grandes.

Una pequeña indígena de una ranchería de California ayuda a recoger uvas.

Historia de las misiones

A su llegada, los colonizadores españoles construyeron misiones. Muchos indígenas de California fueron obligados a vivir y trabajar en estas misiones. Durante ese tiempo se construyeron 21 misiones. Hoy puedes viajar más de 600 millas (965 kilómetros) para ver las misiones a lo largo de la costa.

La misión de San Diego fue la primera misión construida por los españoles en California.

Un equipo de básquetbol de bachillerato practica en su reserva.

Las rancherías y las reservas son lugares únicos. Las personas de una tribu pueden vivir juntas. Pueden hacer sus propias leyes. Pueden tener su propia fuerza policial.

Muchas tribus tienen constituciones. Estos documentos dicen quiénes pueden ser miembros de sus tribus. Se establecen normas para que las tribus obedezcan. Por ejemplo, las constituciones describen cómo se eligen los líderes.

Las tribus son como pequeñas naciones. En parte, esto se debe a los **tratados** que se firmaron hace mucho tiempo. Estos tratados dicen que las tribus pueden gobernarse a sí mismas.

Las personas de una tribu son también ciudadanos del país. El gobierno del estado no tiene demasiado control sobre las tribus. Pero sí lo tiene el gobierno de Estados Unidos. Puede fijar límites sobre cuánta libertad tienen las tribus.

CONSTITUTION AND BYLAWS OF THE TULE RIVER INDIAN TRIBE OF CALIFORNIA

PREAMBLE

We, the members of the Tule River Bands of the Tule River Indian Reservation in the State of California, in order to establish our tribal organization, to conserve our tribal property, to develop our community resources, to administer justice, and to promote the welfare of ourselves and our descendants, do hereby ordain and establish this constitution and bylaws of the Tule River Indian Tribe, to serve as a guide for the deliberations of our tribal council in its administration of tribal affairs.

ARTICLE I—TERRITORY

The jurisdiction of the Tule River Indian Tribe shall extend to the territory within the confines of the Tule River Indian Reservation, situated in Tulare County, State of California, as established by Executive orders of January 9 and October 3, 1873, and of August 3, 1878, to all lands claimed by the tribe and to which title in the tribe may hereafter be established; and to such other lands as may hereafter be added thereto under any law of the United States, except as otherwise provided by law.

ARTICLE II—MEMBERSHIP

SECTION 1. The membership of the Tule River Tribe shall consist of the following:
(a) All persons of Indian

Pasado, presente y futuro

Una manera de honrar el pasado es aprender más sobre este. Hay muchas maneras de saber sobre los primeros pobladores del estado. Los museos exhiben utensilios. Puedes ver herramientas y canastos antiguos. Las bibliotecas y los parques también exhiben utensilios. En todo el estado, las tribus comparten sus antiguos modos de vida. Enseñan danzas y canciones.

Hay otras maneras de aprender más sobre el futuro de los primeros pobladores del estado. Las tribus reciben a los turistas para festivales y **powwows**. Puedes conocer sobre platos modernos y arte moderno de diferentes tribus.

Aprende sobre asuntos que son importantes para las tribus. Se están fortaleciendo pero aún enfrentan desafíos. ¡Descubre qué puedes hacer para ayudar!

Dos caras de la moneda

El Museo Autry está en Los Ángeles. Es sobre la historia del Oeste. El museo tiene muestras sobre indígenas de Estados Unidos y sobre las personas que se asentaron en el Oeste.

Indígenas de Estados Unidos
participan de un powwow para
compartir su cultura.

¡Entiérralo!

Los utensilios de los indígenas de Estados Unidos son cosas que las personas de las tribus dejaron. Muestran cómo vivían los indígenas de Estados Unidos. Las puntas de lanza, los anzuelos de pesca y los tazones son artefactos importantes. ¡Los expertos pueden conocer mucho a partir de un pequeño utensilio!

Los utensilios son objetos que duran mucho tiempo. Algunos utensilios tienen miles de años de antigüedad. Piensa en las cosas que usas. ¿Qué cosas podrían llegar a ser grandes utensilios?

Haz una cápsula del tiempo. Busca un buen contenedor que dure mucho tiempo. Coloca ahí algunos objetos que también duren mucho tiempo. Entierra la cápsula del tiempo en tu casa o en la escuela.

Si alguien la halla cientos de años después, ¿qué podrá descubrir acerca de ti?

Glosario

aves acuáticas: aves que viven cerca de extensiones de agua, como patos y gansos

básico: muy importante

fértil: que puede sustentar el crecimiento de muchas plantas

hacían trueque: intercambiaban una cosa por otra en vez de vender algo por dinero

junco: una planta larga y delgada similar al pasto

misiones: lugares o construcciones donde se llevaban a cabo tareas religiosas

plumones: plumas muy delgadas que tienen las aves debajo del plumaje exterior

powwows: ceremonias y reuniones de los indígenas de Estados Unidos, generalmente con danzas y comida

pupas: insectos jóvenes en la etapa entre larva y adulto

recursos: cosas que se pueden usar

tablones: piezas de madera cortadas en tablas largas y finas usadas para la construcción

terrenos inundables: tierra baja y plana que puede inundarse

tratados: acuerdos formales entre dos o más países o grupos

Índice

¡Tu turno!

CONSTITUTION AND BYLAWS OF THE TULE RIVER INDIAN TRIBE OF CALIFORNIA

PREAMBLE

We, the members of the Tule River Bands of the Tule River Indian Reservation in the State of California, in order to establish our tribal organization, to conserve our tribal property, to develop our community resources, to administer justice, and to promote the welfare of ourselves and our descendants, do hereby ordain and establish this constitution and bylaws of the Tule River Indian Tribe, to serve as a guide for the deliberations of our tribal council in its administration of tribal affairs.

ARTICLE I—TERRITORY

The jurisdiction of the Tule River Indian Tribe shall extend to the territory within the confines of the Tule River Indian Reservation, situated in Tulare County, State of California, as established by Executive orders of January 9 and October 3, 1873, and of August 3, 1878, to all lands claimed by the tribe and to which title in the

Constitución de la clase

Una constitución es un conjunto de normas que indica cómo trabajará un grupo de personas en una comunidad. Esta constitución describe cómo gobierna y vive la tribu tule. Crea una constitución de la clase. ¿Qué normas se necesitan para que la clase sea organizada y justa para maestros y estudiantes? Escribe al menos tres normas usando lenguaje que suene oficial.